W0289441

clv

Paul White

Tauziehen im Dschungel

und andere Tiergeschichten

CLV
Christliche
Literatur-Verbreitung e. V.
Postfach 11 01 35 · 33661 Bielefeld

1. Auflage 2010 (CLV)

Originaltitel: Jungle Doctor's Tug of War
Originalverlag: The Paternoster Press, Exeter, Großbritannien
Die deutsche Ausgabe erschien erstmals 1980 im R. Brockhaus Verlag Wuppertal

© der deutschen Ausgabe 2010
by CLV · Christliche Literatur-Verbreitung
Postfach 11 01 35 · 33661 Bielefeld
Internet: www.clv.de

Umschlag: typtop, Andreas Fett, Meinerzhagen
Satz: CLV
Druck und Bindung: CPI – Ebner & Spiegel, Ulm

ISBN 978-3-86699-116-3

Inhalt

Fast wäre es schiefgegangen

M'gogo hielt das eine Ende des Seils in der Hand. Sein kleiner Hund zerrte am anderen Ende, knurrte dabei und wedelte übermütig mit dem Schwanz.

Schmunzelnd betrachtete Daudi das Spiel zwischen Hund und Junge.

Dann schaute er zu dem Holzstapel hinüber, der für ein Lagerfeuer bereitgestellt worden war. »Das sollte für alle Geschichten über Totos Tauziehen ausreichen«, sagte er.

Die beiden Afrikanerjungen M'gogo und Johann schauten sich an, lächelten und baten gleichzeitig: »Großer, erzähl uns davon!«

Daudi saß auf einem dreibeinigen Stuhl. »Die Geschichte beginnt mit einer Flucht.«

Johann kraulte seinen Hund hinter den Ohren und fragte: »Hongo! War sie gefährlich?«

Daudi verdrehte die Augen. »Toto wäre es beinahe gelungen, in dem hässlichen Innern eines unfreundlichen Krokodils zu landen.«

M'gogo öffnete erstaunt den Mund. »Ist er dem Krokodil entkommen?«

»Nun, er hatte davor viele Abenteuer und machte manche Erfahrung …«

»Erzähl uns bitte davon!«, bettelte Johann.

»Zündet das Lagerfeuer an. Dann werde ich euch die Geschichte erzählen.«

M'gogo rannte davon und kam mit einer glühenden Kohle auf einem Kürbisstück zurück. Er legte es auf das trockene Gras und blies vorsichtig. Eine kleine Flamme drang durch den Rauch, die Äste fingen Feuer, und das Lagerfeuer brannte fröhlich vor sich hin.

Daudi lächelte und begann zu erzählen.

Toto saß auf einem mit Pilzen bewachsenen Baumstumpf und packte mit beiden Pfoten nach schwarzen Käfern. Dann steckte er sie hungrig in den Mund.

Tief unter ihm, neben dem größten Sumpf des Dschungels, saßen Mbisi, die Hyäne, Krantsch, das Krokodil, Slinki, der Schakal, und Gnark, die Krähe. Ihre bösen Augen glänzten, als Mbisi auf Toto zeigte und hinter vorgehaltener Pfote flüsterte: »Er gehört uns, bald haben wir ihn. Er wird uns nicht entkommen!«

»Heute ist es so weit!«, grinste Slinki und beobachtete Toto.

Die zischende Stimme des Krokodils unterbrach ihn: »Bleibt noch lange hier, und die Überschwemmung wird auch uns überraschen.«

Der kleine Affe beschäftigte sich so mit den Käfern, dass er weder auf ihr Kichern noch auf das herankommende Gewitter achtete.

Unter den Buyubäumen beobachteten Twiga, die Giraffe, und Nhembo, der Elefant, Waa, der Nashornvogel, und Suku, der Papagei, ängstlich die großen schwarzen Wolken, die am Himmel aufkamen.

Twiga schüttelte bedenklich den Kopf. »Der Sumpf erreicht immer die Unvorbereiteten. Das letzte Mal, als es so stürmte, wurde der ganze Sumpf zu einem reißenden Strom – und brauchte dazu nur so lange, wie ein Affe benötigt, um eine Kokosnuss zu fressen.«

»Überschwemmung bedeutet Gefahr«, sagte Waa.

Suku pfiff wie ein Echo: »Gefährliche Überschwemmung, gefährliche Überschwemmung, Überschwemmung und Überschwemmung als Gefahr.«

Nhembo bewegte seine großen Ohren und trompetete: »Hat jemand meinen Neffen gesehen, den kleinen Umf?«

»Waa und ich werden ihn suchen«, hörte man Sukus Stimme, während die beiden klugen Vögel ihre Flügel in Bewegung setzten.

In den Bergen setzte der Regen ein.

Tief unter ihnen befand sich Toto. Er saß noch

immer auf dem Baumstumpf und fraß die kleinen schwarzen Käfer.

»Ich sehe keinen kleinen Elefanten«, sagte Suku, während er und Waa zu den Bananenbüschen flogen.

Weit oben in den Bergen hockte Umf in einer kleinen Grube und war von Bananenblättern umgeben. Große Regentropfen, die so groß wie Kieselsteine waren, liefen seinen Rücken hinunter. Er duckte sich verängstigt auf den Boden. Die Grube füllte sich mit Wasser. Plötzlich lief ganz unerwartet ein Wasserfall über seinen Kopf und seinen Rüssel hinunter.

Schnell versuchte Umf aus der Grube zu klettern, aber die Erde war zu aufgeweicht.

Er rutschte und glitt und fiel. Dann überschlug er sich und spritzte nasse Erde weit um sich. Immer schneller rollte er den Abhang hinunter. Er schrie entsetzt auf, denn er rollte genau auf den Wasserfall zu, der in den tiefen dunklen Sumpf floss.

Im allerletzten Augenblick gelang es Umf, einen dicken, starken Weinstock zu ergreifen. Dann hielt er sich an diesem Stock fest und schwebte so über dem Abgrund.

Doch da kamen Waa und Suku angeflogen und halfen ihm, zurück auf den Felsen zu gelangen.

»Habt herzlichen Dank«, keuchte Umf. »Ich werde vorsichtig zum Buyubaum zurückkehren.«

»Tu das«, sagte Waa und flog zusammen mit Suku zu Nhembo zurück, um ihm und Twiga zu erzählen, dass Umf in Sicherheit war.

Der kleine Elefant schaute zu, wie das Wasser von allen Seiten heruntergeflossen kam. In jedem Augenblick schienen neue Wasserfälle zu entstehen.

Der breite Fluss, der normalerweise nur ein ganz schmaler Sumpf war, war wieder richtig zum Leben erwacht.

Jetzt erst bemerkte Toto den Sturzbach, der ihn von den oberen Teilen des Dschungels trennte.

Er schluckte den letzten Käfer ganz hinunter, während er auf den äußersten Ast hinauskletterte und schaudernd in das tiefe, strudelnde Wasser hinunterschaute.

»Hilfe!«, schrie er.

Die Einzigen, die ihn hörten, waren seine Feinde.

»Schaut, wie ihm die Augen aus dem Gesicht fallen, und wie seine Knie zittern!«, lachte Slinki, der Schakal.

»Sein Bauch ist zu vollgefressen, als dass er noch schwimmen könnte«, spottete Mbisi.

Gnark, die Krähe krächzte: »Wenn er nicht von selbst ersäuft, werde ich nachhelfen!«

Toto rieb sich die Pfoten und schrie um Hilfe – immer wieder. Er klagte: »Ich bin verloren. Hilfe!«

Das Wasser stieg immer weiter.

»Wie soll ich bloß entkommen?« Totos Stimme war ganz schrill und verzweifelt.

Die Krähe schleppte sich vorwärts. »Schärft eure Zähne, Kameraden«, schrie sie.

Waa und Suku bemerkten etwas Seltsames im Sumpf und flogen hinunter, um besser sehen zu können.

Das Wasser war bereits so weit gestiegen, dass es Totos Baumstumpf erreicht hatte und seine Füße umspülte. »Hilfe! Hilfe!«, schrie Toto aus Leibeskräften und schwenkte jede freie Pfote in der Luft.

Suku hatte schnell die Lage erfasst. »Hol Nhembo, Waa. Ich beobachte Toto«, schrie er.

Der Nashornvogel flog so schnell er konnte zum Buyubaum. Er landete auf Nhembos Rüssel.

»Toto ist im Fluss. Er …«

Der freundliche Elefant trompetete: »Ich komme, Toto. Aber ich hab einen langen Weg.« Damit rannte er den Berghang hinunter. Er bahnte sich einen Weg durch das Untergehölz und lief durch das flache Wasser, bevor er in den reißenden Fluss tauchte. Dabei hielt er seinen Rüssel hoch erhoben.

Mbisi, die Hyäne, und ihre Freunde leckten sich die Lippen und schauten gierig zu Toto hin, der jämmerlich schrie, während er den Halt verlor.

Plötzlich wurde er vom Wasser mitgerissen. Verzweifelt bemühte er sich, nicht unterzugehen.

Das Wasser floss in seine Ohren, in seine Nase und in sein Maul: Seine Bewegungen glichen verzweifelten Schwimmversuchen. Er streckte den Kopf wieder aus dem Wasser und schrie: »Hilfe … Ich ertrin…«

»Halt deinen Kopf über Wasser und schwimm«, schrie Suku.

Toto versuchte es mit seiner ganzen Affenkraft. Aber er sank wieder. Nur seinen Schwanz

vermochte er über Wasser zu halten. Doch dann sank auch sein Schwanz unter Wasser. Plötzlich erschien Totos Kopf wieder über Wasser. Er machte einen betäubten Eindruck.

Slinki, der Schakal, rief: »Da ist er wieder. Aber die Stromschnellen werden ihn bald erledigen. Nichts kann ihn jetzt mehr retten.«

Doch zwischen dem halb ertrunkenen Affen und den Stromschnellen war Nhembo, der Elefant, der mit kräftigen Zügen auf den Affen zuschwamm.

»Toto«, hörte man die flehenden Stimmen der Vögel, »Nhembo ist gleich bei dir, um dir zu helfen. Pack ihn am Ohr, und halte dich daran fest.«

Waa schrie: »Jetzt, Toto.«

Suku schrie: »Jetzt oder nie.«

Plötzlich stieß Toto hart mit dem weichen Kopf des Elefanten zusammen. »Hilfe! Oh, hilf mir!«, stieß er hervor.

Ein starker, freundlicher Rüssel legte sich um seinen Körper, und er wurde über Wasser gehalten. Die mächtigen Fluten waren so stark, dass der große Nhembo wie ein großer Korken herumgeworfen wurde. Toto, der gerade dem Ertrinken entkommen war, wurde mit ihm herumgeworfen. Es wurde ihm ganz übel, besonders wegen der vielen Käfer, die er im Bauch hatte. Im Kopf drehte sich alles, sodass es ihm ganz schwindlig wurde.

In größter Angst schrie er: »Nhembo, hör auf. Mir wird … Mir wird … schlecht!«

Der Elefant zwinkerte mit den Augen, winkte

ermutigend mit den großen Ohren und trompetete: »Halte dich fest. Wir sind bald da.«

Plötzlich wurde Toto ganz bleich, dann wieder grünlich im Gesicht.

»Halte dich fest!«, schrie Suku.

Totos Beine fühlten sich wie Gummi an. Alle seine Knochen zitterten. Sein Blick war so verschwommen, dass er gar nicht bemerkte, wie Nhembo ans Ufer ging.

Er hatte Schluckauf. »Mein Schwanz ist müde, und meine Füße tragen mich nicht mehr …«

Er schwankte und wäre hingefallen, wenn ihm Twiga nicht geholfen hätte, auf den Buyubaum zu klettern. Nun war er wirklich in Sicherheit.

Seine Augenlider zitterten und öffneten sich dann. »Danke schön. Habt alle herzlichen Dank.«

Er legte seine Pfote an die Stirn. »Ich bin in Sicherheit«, seufzte er erleichtert auf. »Ich bin gerettet.«

Waa und Suku setzten sich fröhlich neben ihn und nickten mit ihren Schnäbeln.

»Ja, du bist beides – in Sicherheit und gerettet. Hier ist alles anders.«

Auch der Elefant nickte. »Nur die Toten oder Sterbenden gehen flussabwärts.«

»Da unten, versteckt hinter Gebüschen«, sagte Waa, »sind welche, die genau beobachten, wer weggeschwemmt wird.«

»Uff«, sagte Toto zitternd.

»Es stimmt«, meinte auch Twiga. »Dort unten sind Dunkelheit, Gefahr, Bosheit und Tod.«

»Dir geht es besser im Sonnenlicht«, brummte Nhembo. »Wenn du deine Augen aufmachst, kannst du da unten die Gefahr sehen, und dann kannst du ihr aus dem Weg gehen. Hier oben herrschen Freundschaft und Hilfsbereitschaft.«

»Yoh!«, murmelte M'gogo.

Johann nickte und schaute zu seinem kleinen Hund hinüber, der neben M'gogos Hund lag. »Großer, du hast uns nur einen kleinen Teil der Geschichte berichtet. Erzählst du uns noch weiter?«

»Ihr könnt euch jedoch fünf wichtige Dinge dieser Geschichte merken.«

Daudi hielt seine Hand hoch und spreizte die fünf Finger. Dann fasste er seinen Daumen. »Erstens: Toto war so gut wie verloren.«

Er berührte den Zeigefinger. »Zweitens: Er dachte zu lange und ausschließlich an die schwarzen Käfer.

Drittens: Er konnte sich nicht selbst retten.

Viertens: Er wurde gerettet, weil er den einzigen Ausweg ergriff.«

Daudi machte eine Pause und wackelte mit seinem kleinen Finger.

»Jetzt ist er im Licht, aber er wird es dort nicht einfach haben. Es ist nie einfach, wenn du den Weg nach ›oben‹ antrittst.«

Er lächelte seine Zuhörer an und fuhr dann fort. »Toto wusste nicht, dass Mbisi und ihre Freunde gegen ihn waren.

Mbisi hatte gesagt: ›Toto scheint im Augenblick für uns verlorengegangen zu sein. Es ist für uns nicht gut, wenn er da oben im Licht ist.‹

Die Hyäne hatte geschnauzt. ›Wir werden ihn mit List wieder hinunterziehen. List ist besser als Zwang. Wir müssen es zustande bringen, dass er Twiga und Nhembo nicht mehr vertraut.‹

Sie hatte ihre schmutzige Pfote auf ihr Maul gelegt und geflüstert. Der ganze Abschaum des Dschungels hörte ihr zu und lachte laut und höhnisch.«

M'gogo und Johann waren entsetzt. »Uff! Großer! Was geschah dann?«

Daudi nahm ein Stück Papier aus seiner Hosentasche. »Das werde ich euch beim nächsten Lagerfeuer erzählen.« Er schmunzelte.

Toto wird im Schlaf überrascht

»Ist das Lagerfeuer bereit? Sind die Hunde ruhig? Hört ihr zu?« Als Daudi diese Fragen stellte, drang das lang anhaltende Heulen der Hyäne durch die warme Nacht Afrikas.

»Yoh«, murmelte Johann. »Mbisi weiß, dass wir über sie sprechen.«

Die kleinen Hunde legten sich noch enger an die Beine ihrer Herrchen, während Daudi zu erzählen begann.

Mbisi, die Hyäne, kroch durch die Schatten, die das Mondlicht warf. Im Maul hielt sie einen langen Gummischlauch, den sie aus dem Dschungelkrankenhaus gestohlen hatte.

»Ich hab ihn«, kicherte sie. »Wenn wir dieses Ding geschickt gebrauchen, dann werden wir ihn bald wieder an seinem alten Platz im Sumpf haben.«

Das Krokodil zischte: »Lass uns damit beginnen.«

Und die Krähe krächzte: »Schnell. Lasst uns keine Zeit verlieren.«

Der Geier stimmte auch zu.

Mbisi meinte noch: »Das wird ihn wohl von

seinen Freunden abschrecken, die nie an die dunklen Orte gehen wollen.«

Als es dämmerig wurde, krochen sie leise und vorsichtig den Berg hinauf zu dem großen Buyubaum, auf dem Toto sich ausschlief.

Der große Baum war nicht zu übersehen. Die Hyäne hielt an. »Lacht jetzt nicht mehr. Gebt keinen Ton von euch. So ist nämlich die Affenweisheit. Wenn er uns weder sieht noch hört, denkt er, wir wären nicht da.«

Sie krochen bis zu dem Baum hin. Mbisi legte den langen Gummischlauch auf den Boden. Krantsch, das Krokodil, und Slinki, der Schakal, halfen ihr, das eine Ende an Totos Schwanz zu binden. Dann banden sie das andere Ende um den hinteren Ast, während Gnark und Vibi den Schlauch und den Ast mit Fett einrieben.

Totos Feinde versteckten sich heimlich und beobachteten den schlafenden Affen, bis die Sonne am fernen Horizont aufging. Dann ahmte der Schakal das Brüllen des Löwen nach.

Toto wachte in panischer Angst auf und lief den Ast hinunter.

Doch der Gummischlauch zog ihn sofort und unbarmherzig zurück. – Peng!

Gedämpftes Gelächter kam von den Tieren des Sumpfes, die sich versteckt hielten.

Toto war ganz verwirrt. Er drückte sich gegen den Baum, während sein Herz wütend gegen seine Affenrippen klopfte. Voller Angst schaute er in diese und in jene Richtung.

»Etwas Schreckliches wird geschehen!«, wimmerte er. Und er hatte recht.

Irgendwo unter ihm machte das Krokodil ein Geräusch wie eine Pythonschlange, die gerade einen Affen verschlang.

Der kleine Affe schwang sich in die Luft, doch der Gummischlauch zog ihn sofort auf seinen Ast zurück, bis er davon hinunterrutschte und schließlich irgendwo zwischen dem Ast und dem Boden schwebte.

Mbisi und die anderen umarmten sich, während ihnen die Spucke im Maul zusammenlief. Der Bauch tat ihnen von ihrem unterdrückten Gelächter weh.

Der völlig verschreckte Toto versuchte krampfhaft den Gummischlauch emporzuklettern. Doch weil der ganze Schlauch so stark eingefettet war, rutschte er mit seinen Pfoten ständig ab. Rasend vor Wut versuchte er es immer wieder, bis er schließlich aufgab und erschöpft an seinem Schwanz hinunterhing.

Mit falschem Lächeln und geheuchelter Freundschaft kamen Mbisi und ihre Freunde aus ihren Verstecken heraus.

»Armer kleiner Affe!«, sagte die Hyäne.

Der Geier schüttelte den Kopf. »Warum haben der Elefant und die Giraffe dir das angetan?«

»Zsch! Zsch!«, zischte das Krokodil und presste die Kiefer so stark zusammen, dass Tränen aus seinen Augen herauskamen.

»Denen darfst du nie vertrauen!«, schrie der Schakal. »Ich sah, wie sie den Baum hinaufkletterten, während du am Schlafen warst«, schnatterte

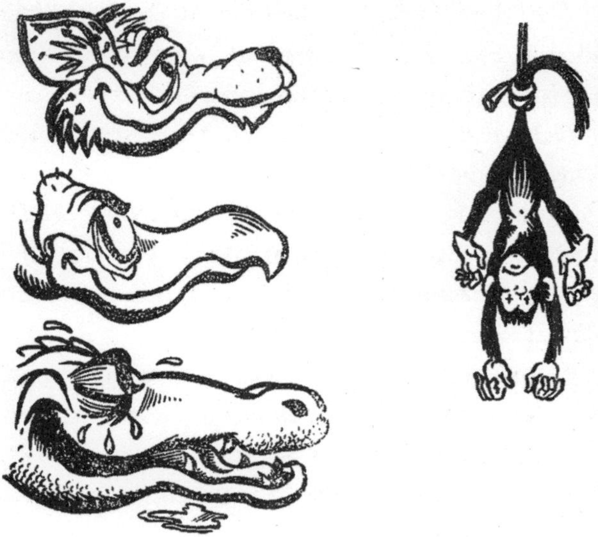

Slinki, »aber ich war zu weit entfernt, um dich zu warnen.«

»Du kommst besser mit uns«, zischte die Hyäne. »Das ist kein Platz für dich. Komm zu uns hinunter. Wir werden uns da noch vieles erzählen müssen.«

»Ja, komm mit uns«, grinste Slinki. »Wir werden auf dich aufpassen.«

Das belustigte das Krokodil so sehr, dass es ihm nur gelang, sein Gelächter zu unterdrücken, indem es eine Art »Krokodil-Schluckauf« bekam, wodurch es noch mehr weinen musste.

Totos Schwanz tat inzwischen weh. Er wusste nicht, was er glauben sollte.

Vibi schwebte ganz nah neben ihm. »Du hast uns nicht gesehen. So haben wir es auch nicht sein können, die dir das antaten, oder?«

Toto sah auf einmal Twiga, die Giraffe, und Nhembo, den Elefanten, die auf ihn zukamen.

Suku flog zu ihm hinunter und biss schnell den Gummischlauch entzwei.

Die Stimme der Krähe hörte man ebenfalls. »Glaub ihnen kein Wort, Toto. Sie waren es.«

Suku flüsterte ihm ins Ohr. »Wer hat dich denn befreit, Toto? Waren wir es – oder sie?«

Der Elefant schmunzelte. Und Twiga atmete erleichtert auf. Waa schaute über seinen Schnabel und gab einen seltsamen Laut von sich, der nur von einem Nashornvogel stammen konnte.

Totos Gedanken drehten sich – wie die Geier, die hoch oben in der Luft herumflogen.

Suku hatte gerade Toto geholfen, seinen Schwanz zu befreien, als Waa zu sprechen anfing.

»Vibi und die Krähe kämpfen wieder.«

Eine Krähenfeder nach der anderen flog zu Boden. Dann vernahm man ein Heulen.

»Hongo«, sagte Twiga, »jagt Mbisi Slinki wieder einmal?«

Plötzlich wies Suku mit seinem Schnabel zum tiefen, dunklen Teich. »Schaut euch das an.« Das Krokodil schwamm leise auf die ältere Tante des Schakals zu, die am Ufer Wasser trank.

Nhembo trompetete als Warnung. Doch er kam zu spät.

Das Krokodil hatte zugebissen. Im nächsten Augenblick befanden sich das Krokodil und die ältere Tante auf dem Boden des Teichs.

Suku befeuchtete seinen Schnabel und sagte: »Wenn das Krokodil weint, wenn die Hyäne hinterhältig schmunzelt, dann pass auf, kleiner Affe, wo es dir besser gehen wird. Hier oder dort?«

Toto schüttelte es, und er schaute von den freundlichen Augen um ihn herum auf die dunklen im Sumpf.

Daudi wartete lange, bevor er etwas sagte. »Jesus sagte uns ganz deutlich, dass der Teufel lebt, auch wenn er uns immer weismachen will, dass es ihn nicht gibt. Er verkleidet sich auf alle möglichen Arten und kennt viele gemeine Tricks, um uns davon abzuhalten, Gott zu vertrauen und ihm zu gehorchen. Jesus warnt uns, indem er uns sagt, dass der Teufel einem wilden Tier gleicht, das auf der Suche nach Beute ist.«

»Kah«, sagte M'gogo, »und weil wir ihn nicht sehen können, glauben wir, dass es ihn nicht gibt.«

»Ngheeh!«, stimmte Daudi zu, »oder wir vergessen ihn.«

Tauziehen

Daudi schaute ins Lagerfeuer.

»Die Hyäne und das Krokodil hatten alles so geplant, dass Toto darauf hereinfiel.«

M'gogo flüsterte Johann zu: »Geht es heute um das Tauziehen?«

»Richtig«, bestätigte Daudi, während er im Feuer herumstocherte.

Toto hatte ein zufriedenes Lächeln auf seinem Affengesicht. Er zog triumphierend ein Seil hinter sich her. Stolz ging er zum großen Baum. Dann hielt er an und stützte die Pfoten in die Seiten.

»Ich habe sie gefesselt«, verkündigte Toto Twiga, Nhembo, Waa und Suku, während er seine Arme bewegte, um seine Muskeln zu beweisen. »Mit Kraft und Intelligenz hab ich's getan. Jetzt sind sie gefesselt.«

»Wer?«, fragte Waa.

»Wie?«, fragte Suku.

Toto räusperte sich geräuschvoll. »Dieses Seil fand ich unter dem Buyubaum. Als Mbisi vorbeikam, schwang ich es in der Luft. Da wurde sie richtig frech. Sie spottete über die Muskeln des Affen. Sie nannte es Speck.

So sagte ich zu ihr: ›Mbisi, wenn du so stark bist, dann mach doch mal Tauziehen mit mir.‹ Nhembo, du hättest sehen sollen, wie ich sie weggezogen habe.«

Twiga nickte. »Und dann kam der Schakal und war noch gemeiner. Und den hast du vermutlich noch mehr im Tauziehen besiegt?«

Nhembo trompetete Beifall.

Suku sagte: »Ja?«

Waa öffnete seinen Schnabel: »Nein?«

Toto stammelte: »Warum wi-isst ihr da-a-as? Habt ihr … habt ihr mich gesehen?«

»Nein«, erwiderte Nhembo, »aber haben dir diese Bösewichte vielleicht vorgeschlagen, ein anderes Mal wieder mit dem Krokodil und der Hyäne Tauziehen zu machen?«

Twiga runzelte die Stirn. Und Waa und Suku schauten ganz fragend.

Toto nickte: »Und ich werde sie wieder schlagen! Ich werde das Seil um den gefällten Baumstamm hier am Boden legen. Am anderen Ende werde ich ziehen und den ganzen Baumstamm wegziehen.«

Der kleine Affe setzte eine wichtige Miene auf und zeigte seine Muskeln. Dann gähnte er und lehnte sich an den Baumstamm. Er schmunzelte voller Selbstvertrauen.

»Überlasst das mir! Ich werde das Seil befestigen!« Er gähnte wieder und machte ein Nickerchen.

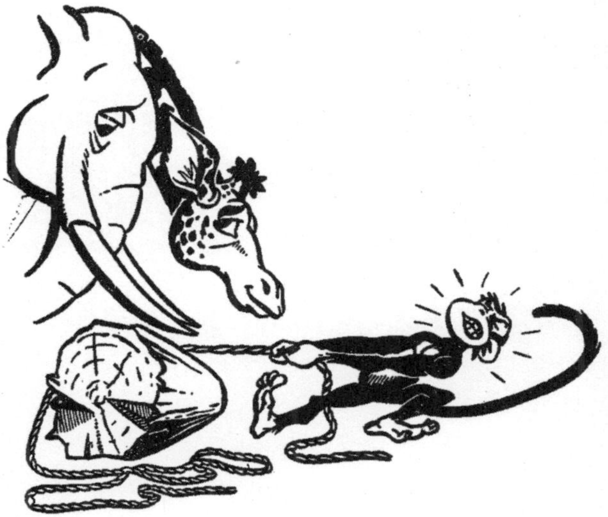

Nhembo entfernte sich leise und beratschlagte sich mit seinen Freunden.

Twiga lag unter einem Baum, sodass sie durch das Sonnenlicht, das durch die Blätter schien, kaum zu sehen war. Die beiden klugen Vögel versteckten sich in einem Baum, in dem sie nicht gesehen werden konnten, jedoch alles sahen. Nhembo ließ sich neben einem Granitstein nieder und machte sich so klein wie möglich. Er machte das so gekonnt, dass Vibi, der Geier, und Gnark, die Krähe, einen Augenblick später, als sie über ihm herflogen, niemanden sahen und zueinander sagten: »Es ist niemand hier.«

»Es stimmt«, erwiderte Gnark, »aber es war doch immer nur ein Granitstein da unten neben dem Baumstamm.«

Sie landeten an einem düsteren Platz, wo Mbisi, Krantsch und Slinki bereits über ihren Plan tuschelten.

»Wir haben alles gut überlegt«, zischte das Krokodil. »Mbisi wird den Affen ansprechen und ihn fragen, ob er bereit ist. Und wenn er so weit ist, dann lassen wir ihn uns eine Weile wegziehen, und wenn er denkt, dass er gewinnt, werden wir tüchtig ziehen. Wir werden ihn mit einem Ruck herüberreißen.«

Leise lachten sie über ihren gemeinen Plan. Sie gingen zum Tau und bereiteten sich vor. Sie legten das Seil zwischen zwei große Bäume und stellten sich auf. Waa konnte alles sehen. Ganz leise flog er zu Nhembo und berichtete ihm alles. Dieser legte seinen Rüssel ausgestreckt vor sich. Twigas Kopf erschien plötzlich im Baum, gerade als Mbisi Toto fragte, ob er bereit sei.

Der kleine Affe setzte sich hin, spuckte in seine Pfoten, nahm das Seil und rief mit der tiefsten Stimme: »Fang an!«

Der Affe begann zu schwitzen, während er das Seil langsam über den Baumstamm ziehen konnte. Twiga beobachtete sorgfältig, was vor sich ging. Sie wandte sich zu Nhembo und schloss ein Auge. Der Elefant streckte seinen Rüssel aus und hielt ganz leicht das Seil hinter Toto fest. Auf der anderen Seite legte das Kroko-

dil das Seil ein paar Mal um seine Nase und bereitete sich darauf vor, ruckartig daran zu ziehen.

Der Geier packte das Seil fester mit seinem Schnabel. Mbisis Zähne und Slinkis Zähne gruben sich tief in das Seil, und auch die Krähe packte fester zu.

Der Affe zog mit ganzer Anstrengung am Seil. Er schrie triumphierend:

»Zieh, Krokodil, zieh!«

Twiga nickte energisch mit dem Kopf.

Nhembo wackelte mit den Ohren, um ihr zu verstehen zu geben, dass er sie verstanden hatte.

Nun zischte das Krokodil.

Das Seil wurde angespannt.

Der Affe flog in die Luft und landete mit wenig Begeisterung wieder auf dem Boden.

Er bemühte sich, wieder auf die Beine zu kommen. Wieder nahm er das Seil fester in die Hand und zog mit ganzer Kraft. Doch Schritt für Schritt wurde er näher zum Baum gezogen.

»Warum geht es nicht schneller?«, zischte das Krokodil zur Krähe.

Gnark flog in die Luft, um nachzusehen.

Twiga duckte sich schnell, um nicht gesehen zu werden.

Nhembo legte sich auf das Seil.

Der Affe spürte, dass er nicht mehr weiter gezogen wurde, und brüstete sich: »Jetzt hab ich dich, Krokodil.«

Die Krähe flog zurück. »Er hat das Seil unter einen Felsen geklemmt.«

Das Krokodil zischte wütend. »Dann wird es in einer Minute umso schlimmer für ihn werden. Wenn ich rufe, zieht ihr alle, so stark ihr könnt.«

Jeder machte sich für diese Anstrengung bereit.

»Eins!«

Twigas Kopf erschien wieder. Ihre Ohren wackelten und vermittelten so eine dringende Botschaft.

»Zwei!«

Der Elefant sah es und wackelte mit seinen Ohren, um ihr zu antworten.

»Drei!«

Als er das Krokodil schreien hörte, stemmte er sich ganz energisch mit aller Kraft auf den Boden.

Er zog sogar am Seil. Mit einem scharfen Ruck verlor der Affe den Boden unter den Füßen. Wie ein Wirbelwind flog er umher. Als er durch die Luft flog, entdeckte er plötzlich Nhembos blinzelndes Auge.

Schnell kam Toto zu Bewusstsein, dass er ohne die Hilfe seines starken Freundes verloren gewesen wäre. »Hilf mir, Großer!«, bat er. »Hilf mir noch einmal.«

Die Feinde bereiteten sich auf eine noch größere Anstrengung vor.

Aber auch der Elefant war bereit, sich ganz einzusetzen.

Da schwirrte plötzlich das Tau durch die Luft.

Der Kopf der Hyäne war fast ausgerenkt.

Der Schakal landete auf dem Rücken vor einem Dornbusch.

Vibi und Gnark trafen sich in der Luft und prallten hart aufeinander, während das Krokodil plötzlich im Baum landete. Feurige Flammen schienen aus seinen Nasenlöchern herauszukommen. Es heulte entsetzlich, während der Elefant ruhig das Seil zusammenrollte.

Aus den unteren Teilen des Dschungels kamen Wut- und Schmerzensschreie.

Suku kam mit der Nachricht zurück. »Sie sind schrecklich wütend. Vibis Schnabel tut's nicht. Gnark kann nur kleine Distanzen fliegen. Und Mbisi, Slinki und Krantsch …!« Suku lachte laut.

Toto schüttelte sich.

»Wenn du nicht wärst, Nhembo«, sagte Toto dankbar, »dann wäre ich jetzt da unten.«

Twiga nickte: »Aber bei uns herrschen Freundschaft und Gemeinschaft.«

Nhembo nickte mit seinem Rüssel. »Du wirst ständig in Versuchung geführt, Toto. Bleib hier oben im Licht, wo man dich sehen kann. Halte deine Augen offen. Bleib in unserer Nähe.«

M'gogo schaute ins Feuer und schüttelte langsam den Kopf.

»Yoh! Solche Tauziehen gehen auch in mir vor, und immer wieder verliere ich.«

Daudi nickte. »Das geschieht auch dann noch, wenn wir wiedergeboren sind.«

Johann und M'gogo runzelten die Stirn.

Daudi fuhr fort. »Ja, ›wiedergeboren sein‹ heißt ›bekehrt oder errettet sein, aus der Finsternis ins Licht gekommen sein‹. Diese verschiedenen Worte bedeuten alle dasselbe. Wenn wir wiedergeboren werden, dann ärgert sich unser altes Wesen. Darum beginnt ein Tauziehen in uns zwischen dem alten und dem neuen Wesen.

Wir können Gott jedoch nur verstehen und ihm gehorchen, wenn wir wiedergeboren sind.«

»Hongo, was geschieht denn mit unserem alten Wesen? Kann man es nicht irgendwie ändern?«

»Du kannst es vielleicht erziehen, aber es bleibt, wie es war. Eine erzogene Hyäne ist immer noch eine Hyäne, ein erzogenes Krokodil bleibt ein Krokodil.«

Zwei Köpfe nickten. »Ngheeh, Jesus gibt uns dieses neue Wesen.«

»Richtig, aber er tötet nicht das alte Wesen in uns. Das bleibt da und wird immer versuchen, uns vom neuen Weg abzubringen, uns in die Finsternis hinunterzuziehen. Gott möchte jedoch, dass wir über dieses alte Wesen siegen und ihm nachfolgen.«

Johann schmunzelte: »Großer, als Jesus starb, hat er uns nicht nur von der Strafe für unsere Sünden befreit, sondern auch von ihrer Macht über uns.«

»Das stimmt«, antwortete Daudi, »und er ist immer da, um zu helfen. In der Bibel steht: ›Ich vermag alles durch Christus, der mich stark macht.‹«

Der Traum vom Tauziehen

Johann gähnte: »Ich hatte einen Traum, der war ganz seltsam und ließ mich nicht mehr schlafen.«

»Kah! Erzähl ihn uns«, forderte Daudi ihn auf.

»Du hast uns doch von den beiden Wesen des Menschen erzählt. Das böse, das uns hinunterzieht, und das neue, das uns Jesus schenkt und uns zu Gott zieht. Ich habe darüber nachgedacht, bevor ich einschlief.«

Johann stach im Feuer herum. Dann erzählte er:

»In meinem Traum sah ich Toto und Twiga und Waa und Suku, wie sie mit großer Anstrengung am Tau zogen. Aber sie vermochten Mbisi und Gnark und Vibi und Krantsch nicht zu sich hinüberzuziehen. Yoh! Diese bösen Tiere waren riesige Gestalten, sie waren viel größer im Traum als in Wirklichkeit.

Hongo, ich war so traurig, und der Traum bedrückte mich.

Es war, als könnte ich über den Dschungel herrschen. So arbeitete ich und sorgte für Nahrung für die, die am Seil zogen. Für Toto und Twiga und Waa und Suku besorgte ich stärkende Nahrungsmittel, und Hongo! Da wurden sie vor meinen Augen größer.«

»Was geschah mit Mbisi und ihren Anhängern? Wie hast du sie in deinem Traum behandelt?«

Johann schmunzelte. »Ich war listig und habe sie hungern lassen.

Yoh! Da wurden sie immer kleiner.

Bald war es für unsere Tiere einfach, das Tauziehen zu gewinnen, denn die bösen Tiere wurden schwach und begannen zu wanken.«

Daudi kicherte: »Das war aber ein herrlicher Traum. Das Gute ist gefüttert worden.« Schnell schrieb er etwas auf ein Blatt: »Lass das Alte verhungern. Dann kannst du fröhlich deinen Weg gehen.«

M'gogo schaute ins Feuer. Rechts und links von ihm lagen jeweils ein kleiner Hund. Sie wedelten kräftig mit ihren Schwänzen.

»Es gibt zwei Nahrungsmittel für das neue Wesen, Großer.«

Daudi nickte zustimmend.

»Wir können zu Gott beten und die Bibel lesen.«

Wieder nickte Daudi.

»Es wäre doch grausam, einen Hund verhungern zu lassen?«

Johann stand auf. »Hongo! Das wäre allerdings sehr unfreundlich.«

»Nun«, sagte M'gogo leise, »es wäre doch sehr unklug, wenn wir unser neues Wesen verhungern ließen.«

Stickis Erfahrungen mit Stehlen

Der Dschungeldoktor war ganz unglücklich.

»Daudi! M'schale, der Jäger, schimpft, weil so viele Wassermelonen gestohlen wurden.«

Der afrikanische Krankenpfleger nickte. »Ich werde mich heute Abend am Lagerfeuer darum kümmern.«

Als die Sterne am Himmel funkelten und M'gogo das Lagerfeuer angezündet hatte, ging Daudi hinüber und setzte sich. Er malte mit dem Finger eine Wassermelone in die Erde.

Dann stand er auf und sagte: »Twiga rief Toto hinter den Jifustrauch und flüsterte ihm zu: ›Wer stiehlt, zieht am falschen Ende des Taus.‹ Sie sagte das, weil sie Schwierigkeiten in ihren Knochen spürte, und die Knochen einer Giraffe täuschen sich selten.«

Es entstand eine lange, verlegene Pause, bevor Daudi weitersprach.

Sticki, Totos Vetter, saß gut versteckt im Buyubaum. Er sah alles, was er wollte, und stahl sich geschickt alles zusammen.

Er sah, wie sich Twiga und Waa und Suku und Nhembo zusammen unterhielten und wie der kleine Elefant Umf zu ihnen lief.

Stickis Augen wurden ganz groß, denn der kleine Elefant trug mit seinem Rüssel ein langes Zuckerrohr. Vor drei Stunden hatte er noch drei Zuckerrohre gehabt. Sticki dachte nach. Vermut-

lich konnte er die anderen beiden in seinen Besitz bringen, wenn er Umfs Fußstapfen folgte und so herausfand, woher Umf kam.

Sticki bemühte sich immer, dass er nicht erwischt wurde. Sein Affenverstand sagte ihm, dass alles gut gehen würde, solange er nicht erwischt würde.

Schnell rutschte er den Baumstamm hinunter und bewegte sich von einem Schatten zum anderen, achtete immer genau auf Umfs Fußstapfen, bis er das Zuckerrohr entdeckte, das unter einer Rinde versteckt war. Sticki schaute sich sorgfältig

um. Niemand schaute in seine Richtung. In einem Augenblick hatte er das Zuckerrohr an sich genommen und verschwand im Gebüsch.

Gierig aß er das Zuckerrohr, bis nichts mehr davon übrig war. Dann kehrte er zufrieden zum Buyubaum zurück. Er summte leise vor sich hin:

»Niemand sah mich, niemand ahnt es,
wo das süße Zuckerrohr blieb.«

Siafu, die Ameise, hatte eine kleine, aber sehr nützliche Nase. Sie hatte gehört, was Sticki gesungen hatte. Sie rief ihre Verwandten zusammen, und bald wanderte eine lange Reihe schwarzer Ameisen zu Sticki und entdeckte, dass Sticki wieder Zuckerrohr aß.

Sticki aß nicht gerade manierlich. Er geiferte. Er wischte sich die Pfote am Schwanz ab. Sein Fell war ganz nass und klebrig und völlig verschmiert.

Mit dem halb gefressenen Zuckerrohr kam er zu Goon, dem Pavian, der fest schlief und eine halb gefressene Wassermelone neben sich liegen hatte. Sticki wusste, dass Goon die Melone aus dem Garten von M'schale, dem Gärtner, geklaut hatte.

»Es ist kein Unrecht, wenn man das stiehlt, was bereits gestohlen war«, schmunzelte er zufrieden. »Natürlich nur, wenn man sich nicht erwischen lässt.«

Sorgfältig nahm er die Melone unter den Arm und verschwand im Dschungel. Schnell kletterte er auf den Buyubaum, versteckte die Melone in der Vertiefung des Astes, in der Toto gewöhnlich schlief. Sticki schmunzelte. Er war so richtig schön mit Zucker gefüllt.

»Niemand sah es, keiner ahnt es,
nicht einmal Goon, wo die Melone blieb.«

Während er so vor sich hin sang, kroch eine lange Ameisenkolonne in den Buyubaum und kroch durch das große Loch in den Wurzeln.

Durch den Dschungel klang jetzt ein fürchterliches Gebrüll.

»Ein Löwe?«, fragte der Elefant.

Twiga streckte ihren Hals. »Nein, es ist Goon, der launische Pavian. Da kommt er.«

»Meine Melone!«, schrie er aus vollem Hals. »Wer stahl meine Melone?«

Twiga sagte höflich zu ihm, dass sie die Melone nicht gesehen hätte.

Goon schaute voller Verdacht auf Nhembo, der seinen großen Kopf schüttelte. »Ich war's nicht. Es ist doch auch bekannt, dass Wassermelonen mein Inneres völlig durcheinanderwerfen.«

Slinki, der Schakal, kroch aus dem Baumstamm. »Großer, ich befürchte, dass es ein Affe war. Ich bin ziemlich sicher, dass Sticki sich an deiner Melone ergötzt«, sagte er kichernd. Denn der Schakal freute sich, wenn es irgendwo Schwierigkeiten gab.

Sticki war inzwischen mit dem ganzen Zuckerrohr fertig. Nur die Abfälle des Zuckerrohrs waren noch auf dem Ast vorzufinden. Hierüber hatten sich die Ameisen ganz besonders gefreut.

Dann kümmerte sich der kleine Affe um die Wassermelone. Glücklich und laut schmatzend fraß er die Wassermelone und merkte nicht, wie

die Ameisen bei ihm angegekommen waren. Es waren Hunderte und Tausende schwarzer Ameisen, die hungrig auf ihn zukrochen. Sein von Zucker klebriges Fell zog sie an.

Goon, der Pavian, schwang sich von Baum zu

Baum und murmelte: »Wer hat nur meine Melone genommen?« Er gab schreckliche Laute von sich, während er sich überlegte, wie er sich am Dieb rächen wollte. Er schaute vorsichtig über sich, als Zoochi, die Biene, ärgerlich um ihn herumsummte. »Der Honig-Dieb Sticki ist ganz in der Nähe. Kannst du ihn riechen?«

Plötzlich flogen viele Bienen vom Buyubaum hinunter. Als Goon sich umsah, sah er, wie ihnen Melonenstücke nachgeworfen wurden. Denn Sticki liebte zwar den Honig, nicht aber die Bienen. Er konnte jedoch mit dem Wegwerfen der Melonenstücke nicht die wütenden kleinen Tiere von ihrem Vorhaben abhalten. Einen Augenblick später war sein ganzer Körper von Bienen zerstochen und schwoll kräftig an.

Er versuchte, sich im Baum zu verstecken, aber er hatte bereits zu viel Melone im Bauch, um sich noch schnell bewegen zu können. Er fuchtelte mit den Armen in der Luft herum und schrie: »Geht weg, geht weg!«

Goon saß in einiger Entfernung und lachte laut. Er hielt sich den Bauch und schwankte im Affenübermut. Plötzlich wurde er durch einen Schlag von M'schale, dem Jäger, darin unterbrochen.

Die tiefe Stimme des Pavians mischte sich in das schrille Geschrei Stickis. Das Geschrei wurde noch schriller, als die Ameisen zu beißen begannen. Mühsam kämpfte er gegen sie an, aber er konnte sich nicht wegbewegen, weil er zu viel Melone im Bauch hatte.

Vorne stachen ihn mit Begeisterung die Bienen. Hinten bissen ihn eifrig die Ameisen. Sticki schrie laut auf: »Au, Au!«

Suku und Waa flogen so nahe bei ihm vorbei, dass sie ihm helfen konnten, selbst aber nicht gestochen wurden.

»Geh rückwärts«, schrie Suku und lachte.

»Das ist von Vorteil, wenn man rückwärtsgeht«, stimmte Waa zu.

Sticki verstand, was man ihm sagte, und verschwand plötzlich.

Die Bienen waren verwundert, und Sticki landete plötzlich und hart auf dem Boden.

Er brauchte einen Augenblick lang, bis er sich zurechtfand. Diese Zeit reichte für die Ameisen, um ihn einzuholen.

Doch dann lief er, so schnell er konnte, zum Wasserteich. Dabei wälzte er sich immer wieder in der staubigen Erde.

Als Sticki sich ins Wasser tauchte, sang Suku:

»Es stachen ihn die Bienen,
von seinem Kopf bis zu den Füßen.
Jetzt ertrinken die Ameisen,
von seinem Schwanz bis zu den Füßen.«

Sticki landete am Ufer, während Toto, Suku und Waa die zäheren Ameisen aus seinem Fell entfernten. Nhembo blies dünne Sandwolken über den traurigen, geschwollenen, vernaschten Affen.

Nhembo schaute zu Toto hin und hob eine Augenbraue.

Toto nickte. »Ja, ich verstehe. Stehlen gehört zu den Dingen, die man unten tut.«

Daudi beobachtete die Gesichter seiner Zuhörer. »Gott sagt: ›Du sollst nicht stehlen‹, und wenn er sagt: TUT'S NICHT, dann meint er nicht VIELLEICHT.

Wenn man etwas nimmt, was einem nicht gehört, egal, ob es etwas Kleines oder Großes ist, ob man das Stehlen, Klauen, Abstauben, Mitgehen-lassen oder sonst wie nennt, Gott sagt, man solle nicht stehlen. Selbst wenn ihr nicht erwischt werdet, dann denkt daran, dass Sünde immer eine Narbe zurücklässt.«

Ein Affe und sein Geld

»Täuscht euch nicht«, sagte Daudi, »Geld ist eine Falle, und die Liebe zum Geld ist die Wurzel alles Bösen.«

M'gogo war nicht ganz einverstanden. »Ich hätte gern etwas mehr«, sagte er.

Johann nickte. »Ich hätte gerne Berge von Geld. Ich würde mir davon ...«

Aber Daudi hatte bereits mit Erzählen begonnen.

Toto und Sticki saßen mit ihrem Vetter Stoni auf einem Ameisenhügel, und Toto blies auf Stonis Blasen unter den Füßen. Er war ganz weit marschiert, um seinen reichen Onkel Goldi zu treffen.

Sie trösteten ihre müden Affengehirne mit glücklichen Gedanken über ihren reichen Onkel.

Toto sah die Giraffe und fragte sie: »Kannst du mir sagen, ob mein Onkel Goldi hier in der Nähe wohnt?«

Twiga nickte und zeigte zum Fluss hinüber.

»Er lebt in einem hohlen Buyubaum hinter dem Fluss. Wenn er seine Neffen so sehr liebt wie sein Geld, dann werdet ihr euch freuen können, wenn ihr ihn antrefft.«

Das war eine seltsame Antwort. Sie machten sich auf den Weg, bis sie zu Nhembo kamen, der mitten im trockenen Flussbett stand. Er schaute von einem Ufer zum anderen und sang dann in seiner tiefen Stimme:

»Wo der große, verwachsene Baum steht,
grabe tief und du wirst Wasser sehn.«

Toto zeigte mit seiner Pfote auf einen Baum und sagte: »Dort ist der große, verwachsene Baum.«

»Richtig«, sagte der große Elefant. »Lasst uns Wasser trinken.«

Die kleinen Affen hielten ihre Pfoten und beobachteten Nhembo, wie er mit seinem Fuß ein großes Loch schaufelte. Als das Loch groß und tief war, machte der Elefant eine Atempause.

Toto lobte ihn: »Das machst du geschickt, Großer. Nur wenige Dinge können deinen großen Ohren entgangen sein. Hast du gehört, wo sich unser Onkel Goldi aufhält?«

Nhembo blies mehrere Staubringe in die Luft und schloss ein Auge. »Ihr meint den Affen mit dem Geld um seinen Hals.«

Stoni nickte bedächtig.

»Hongo«, sagte der Elefant. »Er lebt in einem hohlen Buyubaum hinter dem Fluss. Glaubt mir, kleine Affen, es ist leichter, Wasser in einem ausgetrockneten Fluss zu finden als einen geldgierigen Affen, der anderen Geld schenkt.«

Er machte sich wieder an seine Arbeit und grub immer tiefer. Stoni jedoch ging mit seinen beiden Vettern davon.

Waa, der Nashornvogel, flog auf den Baum herunter, unter dem die Affen sich ausruhten.

»Guten Tag, Waa«, sagte Stoni. »Was denkst du, wie groß unsere Aussichten sind, eine Leihgabe oder ein Geldgeschenk von unserem reichen Onkel Goldi zu bekommen?«

»Oh«, krähte Waa. »Geben Schmetterlinge Butter? Oder kannst du aus einem Goldfisch Gold herauspressen? Versuch dein Bestes. Schmier Honig auf deine Zunge, und gib eine gut überlegte Affenantwort.«

»Ah!« antwortete Sticki. »Honig … hmmm!«

Goldi saß in seinem Buyubaum und reihte Geldstücke auf eine dicke Schnur. Glücklich murmelte er vor sich hin: »Geld, Geld, wunderbares Geld! Münzen, Münzen, wunderbare Münzen.«

Als er bis auf den letzten Geldstapel alle Geldstücke aufgereiht hatte, legte er die Kette um sei-

nen Hals und prüfte, wie sie sich anfühlte. Er war so glücklich in diesem Augenblick, dass er seine schmutzigen, gierigen Verwandten nicht sah. Doch da war es zu spät, seine Herrlichkeiten zu verstecken.

Stoni schaute seinem reichen Onkel in die Augen und fragte taktvoll: »Ist jemand zu Hause?«

Goldi hörte mit seiner Arbeit auf und bedeckte so schnell und so gut wie möglich den Teil des glitzernden Reichtums, der nicht von seinen Brusthaaren verdeckt war. Mit argwöhnischer Stimme fragte er: »Was wollt ihr?«

Toto sprach mit ganz alltäglicher Stimme: »Ich suche einen Verwandten von mir, der ein schönes Gesicht und eine gute Figur hat. Er muss so wie du aussehen, Großer.«

Stoni fügte hinzu: »Er ist für seine Großzügigkeit und seinen Reichtum bekannt. Sein Name – Goldi – ist in den Ohren eines Affen Musik.«

Goldi war so bemüht, sein Geld zuzudecken, dass er beinahe das Gleichgewicht verlor. Mürrisch sagte er: »Der, von dem ihr sprecht, ist in einen entfernten Teil des Dschungels gezogen.«

In diesem Augenblick kamen zufällig Twiga, die Giraffe, und Suku, der Papagei, vorbei. Freundlich begrüßten sie ihn: »Guten Tag, Goldi. Machst du kleine Affen glücklich?«

Der reiche Affe schrie wütend: »Nicht einen Cent werden eure schmutzigen Pfoten berühren. Mir ist übel von eurem Jammern und Betteln …«

Er war vor Wut so aufgebracht, dass er an den Geldstapel stieß. Er fiel Stoni zu Füßen. Eifrig bückten sich die Affen nach dem Geld. Sie gaben überraschte und glückliche Töne von sich.

Goldi griff nach einer Kokosnuss und warf sie auf die Affen. Er traf Stoni damit auf den Kopf. Dieser sah plötzlich Sterne, bevor er in Ohnmacht fiel.

In einem Augenblick hatte Goldi das Geld auf dem Boden zusammengerafft und saß wieder auf seinem Ast.

Sorgfältig reihte er die hinuntergefallenen Geldstücke auf die Schnur und rannte fort in

Richtung des großen, verwachsenen Baumes. Seine Kette war so schwer, dass er schließlich auf allen vieren kriechen musste.

Unterdessen pflegten Toto und Sticki ihren kranken Vetter mit kühlen Blättern. Sie massierten seine Beulen und taten Kaktussaft darauf. Als er sich wieder etwas erholt hatte, setzten sie sich zusammen und berieten. Inzwischen ging der schwer beladene Goldi immer tiefer in den Dschungel hinein.

An einer geschützten Stelle am Ufer machte er eine Pause und betrachtete einen Blitz am Himmel. Er überlegte sich, was er tun wollte. Er sagte zu sich selbst: »Ich werde meine Wohnung verlegen. So viele kommen zu mir und wollen Geld von mir haben.«

Er ging weiter, und nur Twiga und Waa konnten sehen, wohin er ging.

Plötzlich fielen große Regentropfen. Doch sie wurden nicht bemerkt, denn Goldi hörte nur seine klingenden Geldmünzen. Er rutschte auf dem Boden aus und überschlug sich ein paarmal und landete zwischen den Wurzeln des großen verwachsenen Baumes.

Goldi wischte sich Dreck aus dem Gesicht und freute sich. »Das Geld hat mir Glück gebracht«, sagte er zu sich selbst. »Es hat mich vor dem Sturz ins Wasser bewahrt«, fügte er hinzu und schaute den steil abfallenden Abhang zum Fluss hinunter.

Das Flussbett war nun mit schmutzigem Wasser gefüllt. Misstrauisch prüfte der Affe die Tiefe. Es war nur ein paar Zentimeter tief.

»Ha«, dachte er, »hier kann ich den Fluss gefahrlos überqueren.« Sein Gesicht erhielt einen schlauen Ausdruck. »Niemand wird meine Fußspuren durch das Wasser verfolgen können.«

Dann ging er so sorgfältig durch das Wasser, wie es ihm trotz der schweren Geldkette möglich war.

Twiga sah aus der Entfernung zu, wie der leicht gebeugte Körper des Affen durch das Wasser watete. Plötzlich lief ihr ein kalter Schauer den Rücken hinunter. Sie sah, wie der geldliebende Affe zu dem großen Stein hinging. Sie wusste, was gleich geschehen würde.

So laut wie möglich rief sie: »Pass auf, Goldi. Das ist gefährlich. Halt! Stopp!« Aber ihre Stimme wurde vom Wasser übertönt, und Goldi konnte sie nicht hören. Er beruhigte sich selbst. »Diese Stelle ist völlig ungefährlich zum Durchqueren. Ich habe doch so viel Affenverstand, dass ich darüber Bescheid weiß.«

Er befand sich schon ziemlich in der Mitte, als er plötzlich lautes Wassergetöse vernahm. Goldi blieb stehen. Er schaute sich um und sah eine große Welle, die auf ihn zukam. Doch er würde in Sicherheit sein, bevor ihn die Welle erreicht hatte.

Er ging entschlossen weiter, ohne zu ahnen, was gleich auf ihn zukommen würde.

Die Giraffe sprang schnell ins Wasser. Im selben Augenblick verschwand Goldi plötzlich.

Twiga machte sich auf, um ihm zu helfen. Doch bevor sie etwas machen konnte, kam ihr eine hohe Welle entgegen. Schnell drehte sie sich um, um sich selbst zu retten. Es gelang ihr gerade noch, rechtzeitig ans Ufer zu klettern.

Voller Angst stand sie am Ufer. Goldis Lage war jedoch viel schlimmer. Er sank in das tiefe Loch, das der Elefant am Nachmittag gebohrt hatte, um Wasser zu suchen. Er landete zuerst mit dem Kopf auf dem Wasser. Alles drehte sich in ihm. Da fiel ihm plötzlich sein Geld ein, und er dachte: »Rette dein Geld!« Doch dann sagte ihm eine leise Stimme in seinem Innern: »Erinnere dich daran, dass du dich in einem Wasserloch befindest. Wasser fließt über deinen Kopf. Du kannst im Wasser nicht atmen. Löse die Schnur von deinem Hals. Das Geld wird davonrollen, und du wirst an die Wasseroberfläche schwimmen.«

Doch die Affenweisheit entgegnete: »Was, die Schnur soll ich von meinem Hals lösen? Da verlier ich ja meinen Reichtum! Ich muss mich mehr anstrengen, viel mehr!«

Mit seinen Pfoten, seinen Armen, seinen Beinen und seinem Schwanz versuchte er zu schwimmen, aber die lange Halskette hielt ihn fest. Schmutz floss in seine Nasenlöcher. Seine Brust war wie zugeschnürt. Er machte verzweifelte Bewegungen mit seinem Schwanz. Lichter begannen vor seinen Augen zu tanzen. Es war, als säße der Elefant auf seiner Brust. Und wieder flüsterte ihm eine Stimme zu: »Reiß die Schnur entzwei, und schwimm an die Oberfläche. Dann kannst du atmen und leben. Schnell!«

Doch seine Affenweisheit antwortete: »Mein liebes Geld, meine wunderbaren Geldmünzen!«

Die Kraft schien ihn zu verlassen. Die Stimme in ihm wurde immer leiser. Seine Pfoten machten keine Anstrengung, die Schnur zu zerreißen.

Twiga sah, wie kleine Bläschen an die Oberfläche drangen.

Alle Affen bemühten sich, Goldi zu finden. Doch es dauerte drei Tage, bis das Wasser sank. Da entdeckte Waa einen Hinterfuß des Affen, der aus dem Wasser schaute. Der geldliebende Affe steckte mit seinem Kopf in der Erde.

Waa berichtete Twiga, was er gesehen hatte. Diese schüttelte traurig den Kopf und sagte: »Das ist ein schlimmes Ende, dass man durch sein eigenes Geld in ein Dreckloch gedrückt wird und da sterben muss.«

Johann und M'gogo nickten, aber Daudi merkte, dass sie die Geschichte nicht richtig verstanden hatten.

»Es ist mit dem Geld wie mit Feuer. Wenn man zum richtigen Zeitpunkt genug davon hat, ist das sehr nützlich. In der Bibel steht: ›Die reich werden wollen, fallen in Versuchung.‹«

»Yoh«, sagte M'gogo zu Johann, »jetzt verstehe ich, was du sagen wolltest.«

»Ngheeh«, fuhr Daudi fort, »ich weiß, wie ihr am besten dafür beten könnt: ›Mach mich weder arm noch reich, himmlischer Vater. Gib so viel zu essen, wie ich nötig habe, damit ich mich nicht gegen dich auflehne oder unzufrieden werde.‹«

Lügen und Steine

Daudi ging wortlos zum Lagerfeuer hinüber. Eine Zeit lang sprach keiner. Doch dann kamen die beiden kleinen Hunde zu Daudi und wedelten mit ihren Schwänzen. Daudi strich ihnen über die Köpfe. »Es ist keine fröhliche Geschichte, kleiner Hund.«

Toto war in große Schwierigkeiten geraten. Sein unbehaartes Körperteil schmerzte, weil sein Onkel es mit seiner Pfote immer wieder berührt hatte.

Unglücklich gestand er der Giraffe: »Ich habe die Wahrheit nur etwas umgedreht, Twiga; nur ein klein wenig.«

Die Giraffe nickte. Sie hatte den Aufruhr mitbekommen. Sie räusperte sich und sagte: »Nimm diesen schwarzen Stein, kleiner Affe. Es ist nur ein kleiner. Wirf ihn über deinem Kopf hoch.«

Toto tat es und bemerkte: »Die Pfote meines Onkels ist allerdings hart. Sie …«

Bums! landete der Stein auf seinem Kopf.

»Au«, schrie Toto. Er rieb sich den Kopf. »Nun habe ich an beiden Enden Beulen.«

Freundlich sagte die Giraffe: »Hier ist ein anderer und größerer Stein. Wirf ihn gerade in die Luft, kleiner Affe.«

Toto griff nach dem großen roten Stein und wollte ihn gerade in die Luft werfen. Plötzlich hielt er inne und sagte: »Aber wenn ich das tue, dann wird er ja wieder auf meinem Kopf landen.«

Twiga nickte. »Das wird er. Und du wirst eine zweite Beule auf deinem Kopf haben.«

Toto ging mit geballten Fäusten auf Twiga zu.

Die Giraffe schmunzelte: »Langsam. Genauso geht es mit Lügen. Sie landen immer schwer und verletzen einen, egal wie groß sie sind oder welche Farbe sie haben.«

»Hongo«, sagte Toto mit großen Augen, »erklär mir noch mehr.«

»Es gibt große schwarze Lügen, die ganz böse sind. Die Schüchternen erzählen kleine weiße Lügen – oder wie der andere sagt, taktische Lügen. Die roten Lügen sind die wütenden, die grünen stammen von den Unerfahrenen und

Eifersüchtigen, und die blauen sagen solche, die schmutzige Gedanken haben. Die grauen Lügen sind die grausamen, die die anderen verletzen sollen. Das sind die sogenannten Halbwahrheiten oder die halben Lügen.«

Toto kratzte sich. Er fühlte sich offensichtlich nicht wohl.

Die Giraffe beugte sich zu Toto hinunter und sagte in vollem Ernst. »Es gibt auch gelbe Lügen. Diese werden zwischen zusammengebissenen Zähnen hervorgestoßen. Und dann gibt es noch Lügen, indem man eine Sache nicht sagt und darüber einfach schweigt, weil man denkt: Schweigen ist Gold! Toto, alle Lügen – ob klein oder groß – führen zu Schwierigkeiten. Oft werden andere verletzt, aber jedes Mal schaden sie einem selbst.«

Unter dem Buyubaum unterhielten sich Mbisi und das Krokodil, der Schakal und der Geier und die Krähe.

Über ihnen flog die Biene hin und her, denn ihr Haus war in einem hohlen Stück Holz, das mit einer Schnur an einem Ast des Buyubaums festgebunden war.

Als Twiga und Toto ihnen zuhörten, vernahmen sie, wie das Krokodil eine schwarze Lüge erzählte. Es sagte: »Nicht wahr, Schakal, ich habe deine Tante mit dem lahmen Bein nicht gesehen? Du etwa, Mbisi?«

Sie tauschten einen bösen Blick aus.

Twiga wusste, dass das eine dicke Lüge war, die die schwarze Tat zudecken sollte, hatte sie doch gesehen, wie das Krokodil die ältere Tante in den Teich gezogen hatte.

Einige Augenblicke später sahen sie, wie der Schakal einen großen Knochen vergrub. Er grub ganz schnell und bedeckte eifrig den Knochen, rieb sich die Erde von seinen Pfoten und versuchte, möglichst unschuldig auszusehen. Aus dem Dornbusch hinter ihm kam Mbisis Stimme: »Hast du irgendetwas zu fressen?«

»Leider gibt's hier auch nichts«, jammerte der Schakal. »Ist es nicht schrecklich, dass wir so hungern müssen?«

Waa machte mit seinem Schnabel Geräusche, und Toto flüsterte: »Twiga, was meinst du? Soll ich jedes Mal, wenn diese Tiere lügen, einen Stein in das Bienennest legen?«

Twiga nickte. »Aber sei vorsichtig. Spiel nicht mit diesen Tieren. Ihre Schnäbel und Zähne sind scharf. Ihre Pranken können dich zerreißen.«

Als die Sonne unterging, legte Toto sechs ver-

schieden große Steine in das Bienennest und wurde dabei gleich gestochen. Er rieb sich die Stelle, während er Twiga und den anderen davon berichtete.

»Die Krähe log wie folgt: Sie drückte ihre Brust heraus und sagte: ›Ich bin dem Geier gewachsen. Du hättest sehen sollen, wie ich ihm die Schwanzfedern ausgerissen habe!‹«

Nhembo schaute zur Seite. »Ich meine jedoch, wir hätten vor ein paar Tagen Krähenfedern gesehen. Toto, es gibt auch welche, die sagen zu so etwas ›übertreiben‹. Diese Art Lüge gibt jedem das Gefühl, stark zu sein.«

Twiga nickte: »Und wer nicht viel kann, vergisst seine Schwäche, wenn er sie mit solchen Lügenworten zudeckt.«

Am nächsten Tag, als Nhembo sich im Schatten ausruhte und Toto auf seinem Ast saß und ein Nickerchen hielt, kam der Geier angeflogen und flog ganz nah am Rüssel des Elefanten vorbei und sagte zur Krähe: »Hast du gehört, was gestern Abend im Bananengebüsch passiert ist?«

Der Elefant beobachtete die beiden und hörte, was die beiden flüsterten.

Nhembo hatte seinen Rüssel ganz leise in eine Pfütze gelegt. Während er ihn mit weichem stinkendem Lehm füllte, dachte er: »Ich weiß, was dort geschah. Haben nicht Twiga und ich dem kleinen Umf aus seinen Schwierigkeiten herausgeholfen? Und nun erzählt der Geier, wie er Umf geholfen habe. So, wie die lügen, haben sie eine Belohnung verdient.«

Langsam hob er seinen Rüssel und pustete den ganzen Lehm darin auf den Geier und die Krähe, die davon völlig überrascht wurden. Sie fielen auf den Boden, wo sie auf Brennnesseln landeten.

Nhembo schimpfte: »Das wird euch daran erinnern, dass Lügner nicht unbestraft ausgehen.«

Der Geier begann fürchterlich zu kreischen, aber Nhembo trompetete laut: »Ihr verdreht die Wahrheit so schnell, wie ihr eure Hälse drehen könnt. Eure Zunge ist so gemein wie eure Gewohnheiten.«

»Toto, dafür legst du einen besonders großen Stein in das Bienennest. Eine der schlimmsten Lügen ist die graue, die Traurigkeit unter Freunden bringt.«

Toto war ganz aufgeregt. Vorsichtig legte er einen weiteren Stein in das Nest. So ging das Tag für Tag weiter, bis er eines Tages seine Feinde unter dem Buyubaum versammelt sah. Die Hyäne lachte ihr hämischstes Lachen. Toto roch faules Fleisch, das aus der Richtung des Buyubaums kam. Es schien viele Fliegen anzuziehen.

»Lasst uns die Neuigkeit des Dschungels verbreiten. Nhembo, der große, freundliche Elefant, ist zu jedermann freundlich!« Die Hyäne lachte sarkastisch.

»Und Suku ist selbstlos, und Waa wartet nur darauf, dass er jemandem helfen kann!«, meinte nun auch der Schakal. Seine Stimme war dabei schriller als das Zischen der Schlange.

Wieder lachten sie alle hämisch.

Toto warf einen großen Stein in das Bienennest.

Die Schnüre krachten, und das Bienennest rutschte. Verärgert krochen die Bienen heraus.

Das Gelächter der Hyäne übertönte alles.

Die Schnur riss.

Das Nest flog hinunter und landete auf den Köpfen der Hyäne, des Schakals, des Krokodils, der Krähe und des Geiers, während viele Steine auf den verwunderten Vögeln – Geier und Krähe – landeten. Die Bienen stachen die Tiere mit großer Begeisterung und in schnellem Tempo.

Nun kamen die hässlichsten Laute unter dem Buyubaum hervor. Niemand lachte, während sie so schnell wie möglich das Weite suchten.

Twiga schaute zu Toto hin und sagte: »Du wirst nie weit kommen, wenn du versuchst, dich mit Lügen durchzuschlagen.«

»Twiga hatte recht«, nickte Daudi. »In der Bibel können wir viel über Lügen nachlesen. Da steht, dass Gott Lügen hasst.

Lest doch einmal die Geschichte von Ananias nach. Sie steht in Apostelgeschichte 5, Verse 1-11.«

Das dicke Ende

»Man sollte immer versuchen, Gefahr zu umgehen«, sagte Daudi. »Wenn jemand schreit, dass ein Leopard durch das Dorf schleicht, dann lauft nicht erst weg, wenn ihr zu Ende gegessen habt!«

M'gogo und Johann lachten, und die kleinen Hunde wedelten mit den Schwänzen. »War denn jemand so blöd und hat das getan, Großer?«

Daudi nickte: »Hört zu!«

Toto sagte zu Twiga: »In diesen Regentagen wurde der Dschungel ganz grün.«

Twiga nickte: »Es liegt nun viel Wasser in den hohlen Stellen der Berge. Lass uns dahin gehen und Nhembo besuchen.«

Sie fanden ihn, wie er sich den Rücken an einem passenden Felsen rieb und viel Wasser trank. Unterdessen klappte Umf, sein kleiner Neffe, seine Ohren vor- und rückwärts und gab schrille, glückliche Laute von sich, während er den weißen Vögeln nachjagte, die am Wasser lagerten.

Bald kam wieder die Trockenzeit.

Die Sonne stach. Es war kaum eine Wolke am Himmel zu sehen. Die Blumen welkten. Das strahlende Grün wurde dunkel und später braun,

als die Hitze unerträglich wurde. Der heiße, trockene Wüstenwind trocknete die letzte Feuchtigkeit, die noch in der Erde gesteckt hatte. Und alles wurde ausgetrocknet.

Die Tiere des Dschungels keuchten in der Hitze.

Umf verbarg sich im Schatten, den Nhembos Kopf warf.

»Es ist sehr heiß«, meinte Twiga zu Waa, dem Nashornvogel, und Suku, dem Papagei, während sie sich mit ihrem Schwanz etwas Kühle zufächerte.

Der Elefant fächerte mit seinen Ohren etwas Luft und blies sich Staub auf seinen Rücken. Dann trompetete er: »Die Jahreszeit hat sich geändert. Das ist klar.«

Ein trockener Tag folgte dem anderen. Staub lag überall im ausgetrockneten Dschungel.

Waa sah es zuerst: Eine dünne blaue Rauchwolke stieg zum Himmel empor. Er rief Suku. Gemeinsam flogen sie so schnell sie konnten an den Ort, an dem sich Twiga und Nhembo aufhielten und miteinander redeten.

»Dahinten sahen wir eine Rauchwolke«, sagte Waa mit seinem großen Schnabel. »Sie steigt weit in den Himmel hinauf. Ich kann es bereits riechen.«

»Man kann jetzt sogar rote Wolken sehen«, schrie Suku. »Sie verbreiten sich von den Bergen, wo die Sonne aufgeht, bis zu den Bergen, wo die Sonne untergeht.«

Twiga war bekümmert, und Nhembo steckte seinen Rüssel in die Luft. »Ich kann es riechen«, sagte er. »Lasst es uns schnell den anderen erzählen.«

Er trompetete laut, damit Umf ihn hören konnte.

Dieser lief auch sofort auf ihn zu. Gemeinsam machten sie sich auf den Weg zu dem großen Felsen, der Schatten spendete – und Sicherheit.

Toto kletterte auf Twigas Hals und schaute sich in der ganzen Gegend um. Von seinem Vetter Sticki konnte er jedoch nichts sehen.

»Was sollen wir tun, Twiga? Wir können doch nicht Sticki zurücklassen? Dann wird er ja verbrennen!«

Der Rauch mischte sich mit dem Staub, den Hunderte von schweren Huftritten aufwarfen.

Der rote Sonnenuntergang sah anders aus. Er warnte jedermann, denn es bedeutete GEFAHR für jeden, der dorthin sah.

Twiga schaute sich gründlich um und schüttelte dann den Kopf so stark, dass sie beinahe den kleinen Affen hinuntergeworfen hätte.

»Sticki ist nicht da. Aber vielleicht befindet er sich in Sicherheit. Wir werden die anderen fragen, die wir unterwegs antreffen. Aber lass uns nun davonlaufen.«

Mit diesen Worten sprang die Giraffe zu dem einzigen sicheren Ort im Dschungel.

Viele Kilometer entfernt, ganz in der Nähe des großen Felsens, waren auch die Bienen darauf aufmerksam geworden. Sie flogen alle aus ihrem Nest beim Buyubaum heraus, während sich Sticki die Lippen leckte. Er roch den süßen Honig und frohlockte, als er die Bienen wegfliegen hörte.

»Herrlicher Honig«, murmelte er. Er streichelte seinen Magen und grinste. Er kratzte sich einen Augenblick lang den Kopf, weil es ihn verwunderte, dass alle Bienen so plötzlich wegflogen.

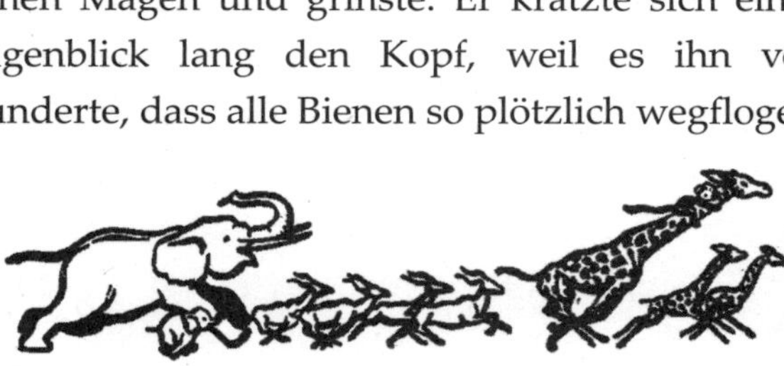

Twiga überholte Nhembo und die Giraffenzwillinge Riff und Raff. Umf rannte so schnell, wie seine kleinen Beine ihn trugen.

»Habt ihr zufällig Sticki gesehen?«, schrie Toto.

»Nein, Toto.«

»Wenn ihr ihn sehen solltet, tut alles, was ihr könnt, um ihm zu helfen«, schrie Twiga. »Er hat keine langen Beine.«

Nun wurden sie vom Zebra Quagg und dessen Bruder Quigg überholt. Hinter ihnen folgten andere Tiere. Twiga blieb so lange neben ihnen, dass sie ihnen noch zurufen konnte: »Haltet nach Sticki Ausschau.«

Dann liefen Kifaru, das Nashorn, und Kiboko, das Nilpferd, an ihnen vorbei.

Toto schrie auch ihnen zu: »Ihr Großen, wenn ihr Sticki seht, dann helft ihm.«

Die Sonne ging unter, der Wind ließ nach, aber die Tiere eilten weiter. Sie wussten, dass es nur einen sicheren Platz gab, den großen Felsen. Der Rauch und die Flammen blieben zurück, sodass die Bäume ohne Blätter gespenstisch aussahen.

Der Einzige, der in jener Nacht keine Angst hatte, war Sticki. Er saß im Buyubaum und konnte den großen Felsen sehen. Er dachte jedoch nur an den süßen Honig.

Er streckte beide Pfoten in die Honigwabe. Als er sie wieder herausholte, hatte er beide Hände voll süßen Honigs. Er steckte so viel wie möglich von seinen beiden Pfoten in das Maul. Dann schloss er voller Wonne die Augen und ließ den Honig seinen Hals hinunterlaufen.

Er bemerkte so halb das seltsame Rot am Himmel. Aber er dachte, das wäre deshalb, damit ihm der Honig noch besser schmeckte. Dann hörte er plötzlich, wie die Tiere durch den Dschungel liefen. Er drückte sich an den Buyubaum und sagte zu sich selbst: »Das ist mein Honig. Er gehört mir allein. Keiner darf ihn mir wegnehmen.«

Als Erster blieb Kifaru, das Nashorn, stehen und schaute zu Sticki hinauf. Er brüllte: »Lauf, Affe.« Mit seinem langen Horn wies er auf den Honig. »Lauf oder verbrenne!« Sein ganzer Körper schüttelte sich, denn Kifaru und sein Stamm fürchten Feuer und wissen, dass es tödlich ist.

Aus dem Maul des kleinen Affen kam ein unhöfliches Wort. Er fügte hinzu: »Jetzt noch nicht.« Damit leckte er den Honig aus dem Gesicht und sagte zu sich selbst, während er den vorbeieilenden Tieren zusah: »Es war klar, was er wollte.«

Nhembo und Twiga mussten auf Umf warten, der einfach nicht so schnell mitkam. Sie waren schnell vorwärtsgekommen, aber das Feuer hatte sich noch schneller ausgebreitet.

Überall hörte man seltsame, unheimliche Geräusche.

Auf einmal vernahm Twiga eine dünne, müde Stimme: »Twiga, wir haben keine Kraft mehr in den Beinen. Unsere Schwänze sind uns keine Hilfe mehr, wir ziehen sie nur noch hinter uns her.«

Die Giraffe bückte sich hinunter, um zu sehen, wer sie angesprochen hatte. Da sah sie zwei kleine Affen, die sich auf einem Ameisenhügel ausruhten.

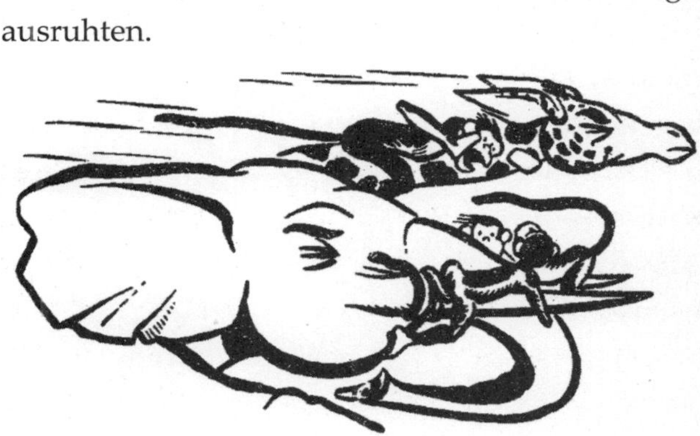

»Das sind Stoni und Meme«, flüsterte Toto in Twigas Ohr.

Nhembo sprach ruhig und tröstend: »Habt ihr genügend Kraft, um eure Arme um meine Zähne zu legen? Haben eure Schwänze genügend Kraft, um sich daran festzuhalten?«

Die kleinen Affen gaben keine Antwort. Sie sprangen hoch und hielten sich fest.

»Ist Vetter Sticki bei euch?«, rief Toto.

Sowohl Stoni als auch Meme schüttelten den Kopf. »Er ist nicht da, wir haben ihn nicht gesehen.«

»Wir werden nach ihm Ausschau halten«, brüllte Nhembo, während er seinen Rüssel um Umf legte. Er drückte ihn an seine Brust, während sie weiter zum großen Felsen liefen.

Riff und Raff, die beiden Giraffenzwillinge, entdeckten Sticki. Sie hielten an und reichten mit ihren Köpfen fast bis zu dem Ast, auf dem er saß. Sie sagten zu ihm: »Kleiner Affe, rette dich. Renn um dein Leben. Es brennt!«

Sticki, der halb geträumt hatte, sagte unwirsch: »Es ist mein Honig, nicht eurer. Geht!«

»Aber es brennt! Komm mit uns!«

»Quatsch!«, antwortete Sticki, schloss die Augen und faltete die Hände über seinem Magen, auf dem der Honig ruhte.

Ein Tier nach dem anderen lief voller Angst am Buyubaum vorbei.

Dann kam Nhembo. Umf trompetete: »Es ist nicht weit bis zum großen Felsen. Von jetzt an kann ich sicher selber laufen.«

Nhembo wollte ihn gerade auf die Erde setzen, als Meme und Stoni ganz energisch auf seine Zähne klopften und sagten: »Schau! Da oben im Baum schläft der Affe mit den süßen Zähnen. Nimm ihn mit.«

Die Rufe der Affen und das Brüllen des Elefanten erschreckten Sticki so sehr, dass er beinahe vom Ast gefallen wäre. Er wickelte seinen Schwanz um einen dünnen Zweig und presste den Honig auf den Bauch. Dann brummte er: »Geht weg, der Honig gehört mir.«

Der Elefant versuchte es noch einmal: »Schau doch, Sticki. Ein großes Feuer ist im Dschungel ausgebrochen. Es wird dich bei lebendigem Leib verbrennen, wenn du hierbleibst. Komm doch mit uns.« Er streckte seinen Rüssel aus, um dem kleinen Affen vom Ast hinunterzuhelfen, aber Sticki

schlug ihn mit seinen von Honig klebenden Pfoten.

Umf trompetete schrill: »Wenn du da bleibst, wirst du braten wie …«

Er sagte nie, wie, denn sein großer Onkel war schnell weiter in Richtung des großen Felsens gelaufen. Als sich Stoni und Meme umdrehten, sahen sie, wie Sticki seine Nase im übrig gebliebenen Honig verbarg.

Suku und Waa, die in der Nähe der Elefanten geblieben waren, flogen neben Sticki und setzten sich auf den Ast. Er setzte sich von ihnen weg.

Waa sagte: »Du kleiner Honigsucher bist ganz schön verschmiert.«

»Beeil dich«, schrie Suku. »Das Feuer ist schon ganz nah.«

Dann vernahm der Affe plötzlich, wie Äste zu brennen anfingen und krachend zu Boden fielen. Er sah auch Flammen, die in die Luft schossen.

»Du wirst verbrennen«, schrie Waa.

»Du wirst braten«, kreischte Suku.

»Quatsch«, antwortete Sticki stur. »Ich werde gehen, wann ich will und wohin ich will. Ich bin hier in Sicherheit. Lasst mich in Ruhe.«

Die beiden klugen Vögel flogen wieder weg.

Als Letztes kamen Twiga und Toto an den Buyubaum. Sie konnten sehen, dass das Feuer schon ganz in der Nähe angekommen war. Jetzt kam auch ein starker Wind auf und verbreitete schnell die Flammen. Toto klammerte sich fest an Twigas Hals und schrie in ihr Ohr: »Twiga, schau einmal. Da oben im Baum sitzt er! Da ist Sticki.«

Twiga blieb stehen und reckte den Hals zu Sticki. Sie überragte ihn, sodass sich die beiden kleinen Affen ins Gesicht sehen konnten.

»Schnell«, sagte Toto. »Es ist schrecklich. Das

Feuer ist schlimm. Es ist das größte, das man je im Dschungel gesehen hat.«

Aber Sticki wandte sich von ihnen ab. Aus seinem honigverschmierten Maul kamen nur die Worte: »Ach, das ist ja nur der Sonnenaufgang! Ihr sagt das alle bloß, um mir meinen Honig wegzunehmen.«

Twigas Stimme war ganz ruhig, als sie sagte: »Kleiner Affe, wir wollen deinen Honig nicht. Auch wir rennen um unser Leben und wollen den großen Felsen der Sicherheit erreicht haben, bevor das Feuer uns erwischt hat. Jetzt wäre es bereits zu spät für dich, auf deinen eigenen Füßen noch rechtzeitig dorthinzukommen. Klammere dich an meinen Hals, und ich will dich zusammen mit Toto dahin tragen.«

»Schnell, schnell«, rief Toto und rieb sich seine Pfoten, aber Sticki blieb stur und sagte nur: »Quatsch! Jetzt noch nicht.«

Toto sah mit Entsetzen, wie die Flammen immer näher kamen. Das Feuer raste durch das Gebiet des Sumpfes, wo er einmal so viele Käfer gefressen hatte.

»Schnell«, drang nun auch Twiga in ihn ein, »das ist deine letzte Gelegenheit, Sticki.«

Doch Sticki hatte seine Augen und seine Nase mit Honig zugeklebt. Stur schimpfte er: »Nein, ich komme jetzt noch nicht.«

Die Giraffe lief weiter. Mit jedem Schritt, den sie machte, kamen sie und Toto der Sicherheit näher. Das Feuer, die Flammen, die erdrückende Hitze, der Rauch – alles war schon ganz nah.

Endlich hielt Twiga im kühlen Schatten des großen Felsens. Toto spürte, wie friedlich und sicher dieser wunderbare Ort war. Er schaute seine Freunde an und fühlte sich wohl.

Dann schaute er sich um. Er sah den Sumpf. Dann dachte er an das Tauziehen. Ein Ereignis nach dem anderen fiel ihm ein. Manchmal schmunzelte er, manchmal schüttelte er sich.

»Es gibt hier aber nicht so viele Tiere, wie ich erwartet hatte.« Das sagte er leise.

Twiga nickte traurig:

»Es stimmt, es sind viele gesund hier angekommen. Aber noch viel mehr Tiere haben zwei große Fehler gemacht. Sticki wählte den falschen Zeitpunkt, andere wählten den falschen Ort, zu dem sie sich hinflüchteten.«

Und Suku fügte hinzu: »Und noch andere wählten den falschen Führer.«

Toto war verwundert. Er verstand das nicht.

Nhembo erklärte es ihm:

»Einige wählten die falsche Zeit. Wenn Gefahr herrscht, muss man sofort fliehen. Wer bis später wartet, kann verlorengehen.«

»Ngheeh«, stimmte Twiga zu. »Andere wählten den falschen Ort. Sie kannten den Weg. Sie konnten den Felsen sehen, aber sie suchten einen anderen Zufluchtsort – zum Beispiel hohle Bäume, leere Höhlen …«

»Und wieder andere«, kreischte Suku, »machten den großen Fehler, dass sie sich im tiefen Sumpf versteckten.«

»Was ist mit ihnen geschehen?«, fragte Toto.

Nhembo hob sein Bein. »Sie sind verlorengegangen – alle.«

»Suku sagte«, fuhr Twiga fort, »dass sie dem falschen Führer gefolgt sind.«

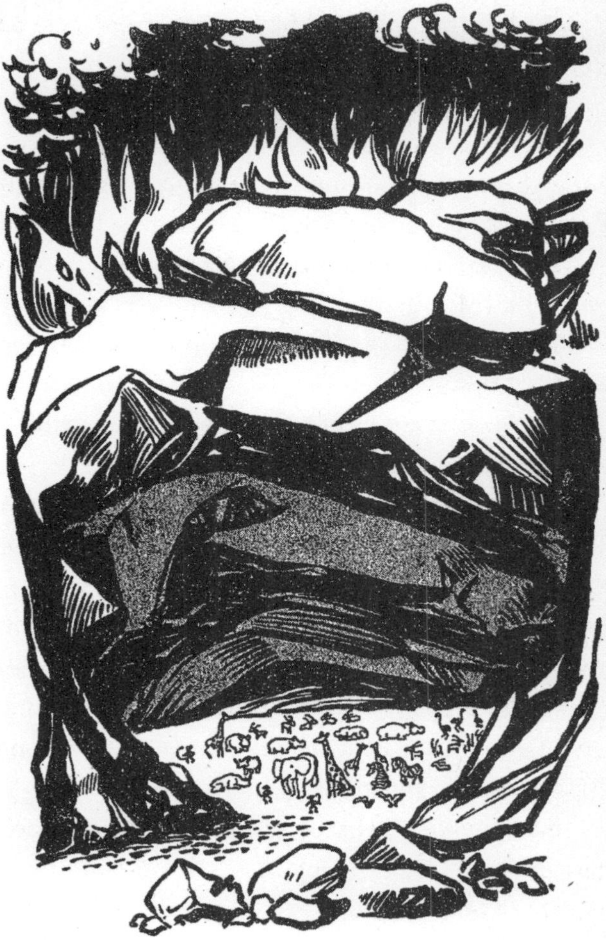

Waa öffnete seinen großen Schnabel. »Aber zur richtigen Zeit mit den richtigen Tieren am richtigen Ort zu sein …«

»… ist wunderbar«, flüsterte Toto.

Nachwort

M’gogo und Johann saßen diesmal unter dem Kuyubaum. Die kleinen Hunde schliefen im Schatten.

M’gogo schaute auf. »Hast du alles verstanden?«

»Ngheeh! Jesus bietet jedermann das Geschenk an. Wir haben es angenommen und ihm dafür gedankt.«

»So ist es. Wir haben erkannt, dass es am besten ist, dies zu tun, wenn man noch jung ist.«

Johann ging auf und ab. »Doch nun haben wir das wahre Leben und ein neues Wesen. Wir bewegen uns bergauf und schwimmen nicht bergab. Der Teufel wird sich über uns nicht freuen.«

M’gogo nickte. »Hier beginnt das tägliche Tauziehen, das Hin- und Hergerissensein.«

Johann hob mit seinen Zehen kleine Steine auf. »Es ist herrlich zu wissen, dass Jesus lebt. Ohne ihn ginge es uns schlecht, M’gogo.«

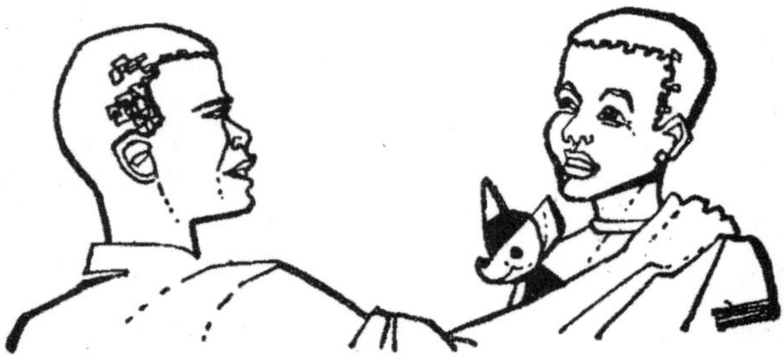

»Hongo, ja. Wir würden ständig besiegt werden.«

»Zudem«, nickte Johann, »haben wir einige Wegweiser entdeckt, die uns sagen: ›Geh diesen Weg!‹, oder: ›Gefahr, bleib zu Hause!‹«

»Und wir begannen, Gottes Buch zu lesen, die Bibel. Ich habe auch die Verse gelernt, die Daudi uns beigebracht hat. Sie helfen uns immer wieder, auf unserem Weg zu bleiben.«

Daudi sah von seinem Platz im Krankenhaus aus, wie sie die Bibel öffneten und darin lasen. Leise betete er: »Hab Dank, Vater, dass wir dein Wort haben, die Bibel. Es ist für uns ein Licht in dieser Welt. Hilf M'gogo und Johann und allen anderen, die versuchen, mit dir zu gehen. Du weißt, wie viele Schwierigkeiten ihnen unterwegs begegnen werden. Hilf ihnen, dass sie nicht ausrutschen und dass sie sich immer daran erinnern, dass du ihnen helfen willst, das Tauziehen zu gewinnen.«

Paul White

Dschungeldoktor auf Safari

128 Seiten, Taschenbuch
ISBN 978-3-86699-111-8

Wenn Paul White – der Dschungeldoktor – auf gefährlichen, halsbrecherischen Fahrten durch den Dschungel unterwegs ist, muss er ständig mit unliebsamen Überraschungen rechnen! Zum einen geht immer wieder sein Auto kaputt – und dann bleiben ihm auch bedrohliche Begegnungen mit wilden Tieren nicht erspart. Aber es gibt auch viele lustige Erlebnisse und Erfahrungen, von denen er erzählen kann. Bei alldem wird deutlich, dass ein allmächtiger und liebevoller Gott auf ihn achthat …

Paul White

Nilpferd-Geschichten

96 Seiten, Taschenbuch
ISBN 978-3-86699-113-2

Boohoo, das Nilpferd, ist sehr unglücklich und gerät ständig in Schwierigkeiten. Sein Gesicht ist so furchterregend, dass er selber Angst bekommt, als er einmal sein Spiegelbild erblickt. Doch leider ist auch der Rest von ihm nicht viel schöner. Dabei ist er eigentlich ein gutmütiger, hilfsbereiter Kerl und allen gegenüber wohlwollend. Wie Boohoo seine Probleme schließlich doch noch lösen kann, hat der Dschungeldoktor Paul White in diesem Buch aufgeschrieben …

Paul White

Von Affen, Giraffen …

80 Seiten, Taschenbuch

ISBN 978-3-86699-115-6

Eigentlich hecken sie viel lieber alle möglichen Streiche aus, als wichtige Lektionen zu lernen – die munteren kleinen Affen im Dschungel. Sie vergessen einfach, dass man den Hinterhufen eines Zebras nicht zu nahe kommen darf. Und warum soll man denn nicht mit Kokosnüssen nach Leoparden werfen? Oder wieso muss man sich hüten, einer Schlange in die Augen zu sehen? Bei den vielen lustigen und gefährlichen Abenteuern, die sie zu bestehen haben, können sie sich zum Glück auf die Hilfe ihrer treuen Freunde – z. B. der Giraffe Twiga und des Nilpferds Boohoo – verlassen.